Ein selig Freuen pochte leise
ans Herz mir, als der Vogel sang –
denn auch das Lied der kleinen Meise
ist schön im großen Lobgesang.

# *So viel hab ich zu danken*

Gedichte von Maria Nels
Aquarelle von Elly Christoffel

ars edition

Ausstattung und Herstellung ars edition
Printed in West-Germany ISBN 3-7607-3005-1

Heut müßt der Himmel voller Sterne sein
und jeder Stern ein Geigenmeisterlein –
und alle Vögel müßten Lieder singen
und alle Glocken müßten festlich klingen
und alle Zweige müßten Blüten tragen
und alle Menschen müßten Grüße sagen,
die Liebe müßt als großer Chor erschallen
und tausendstimmig in dir widerhallen.

Die Meise ruft am Waldesrand:
Wird es nun Frühling bald?
Es war ein Stündchen Sonnenschein
und nun ist's wieder kalt.

Ich pfeif mein Lied, ich kenne Pflicht,
ist noch so kalt der Ast.
Und gestern war – man glaubt es kaum –
Herr Star bei mir zu Gast.

Ich grüßte ihn, er grüßte mich
mit viel Geschrei im Wald –
Es war ein Stündchen Sonnenschein
und nun ist's wieder kalt.

Ich pfeif mein Lied und zage nicht,
wenn es auch noch so schneit.
Wer zagt, ist nur ein armer Wicht,
es ist doch Frühlingszeit!

Frisch auf ans Werk und froh geschafft,
der Tag braucht deine ganze Kraft.
Wer zagt und zaudert, hält nicht stand,
der Tag braucht deine ganze Hand
und deinen Mut zum Überwinden,
der Schwachen sind genug zu finden.
Dem Mutigen gehört die Welt.
Frisch auf, wer sich zu mir gesellt!

Oft blühen Freuden
mitten in Leiden
und wollen versöhnen
mit vielem, was hart.
Du mußt nur warten
und still dich bescheiden,
irgendwo liegt dir,
wie Saat unterm Eise,
das Glück schon verwahrt.
Irgendwo blühen auch dir
wieder Veilchen,
grüßt dich ein fröhlicher,
singender Mund.
Einmal, ja einmal
kommt wieder ein Maien,
küßt dir die kranke Seele gesund.

Es ist wieder Schnee gefallen.
Und doch haben Veilchen geblüht!
Gewiß haben Nachtigallen
am Bach sich schon heimlich gemüht.

Auch haben die gelben Narzissen
ihr leuchtendes Gold schon verstreut,
und vieles, was wir nicht wissen,
hat schon der Frühling betreut.

Die Anemonen, die Sterne,
erblühten in bräutlicher Pracht,
auch hat schon im Wald, aus der Ferne,
wer glaubt es, ein Kuckuck gelacht.

Nun ist wieder Schnee gefallen
in einer windwehenden Nacht.
O Veilchen, o Nachtigallen,
O Frühling, wer hätt' das gedacht?

Ist dir in dunklen Tagen
das Herz voll Traurigkeit,
laß dir nur tröstlich sagen:
Die Welt ist hell und weit.

Schenke den Segeln des Windes
die kleine Traurigkeit,
und habe das Herz eines Kindes,
die Welt ist hell und weit.

Gestern war Regen und alles war weit.
Heute ist Freude und Seligkeit – –
Was unter den Hecken verschlafen lag,
öffnet die Knospen im sonnigen Tag,

breitet ein lichtzartes Frühlingskleid
über die düstere Regenzeit –
Veilchen und Buschröschen strahlen mich an.
Was so ein einziger Tag doch kann!

Am Wegrand eine Distel,
ein schwanker Blütenast . . .
und in der Tannenspitze
ein Vogel bei der Rast.

Ein Zicklein nah am Wege,
das frohe Sprünge macht . . .
am Zaun versteckt ein Veilchen
in seiner blauen Pracht.

Ein Schmetterling, der glänzend
an mir vorüberzieht . . .
und irgendwo im Winde
ein frohes Kinderlied.

Ein feuchtes Moos, das glitzert
vom Tau der letzten Nacht . . .
Die kleinen Wunder haben
die Welt so schön gemacht!

Nach den langen Regentagen
liegt das Land der Sonne offen
und wir dürfen wieder wagen
und wir dürfen wieder hoffen,
daß die Saat im dunklen Grunde,
jedes Körnlein in der Erde
reife Frucht im goldnen Bunde
einer schweren Garbe werde.
Großes muß so klein geschehen,
Speise wächst aus Korn und Blüte,
daß der Mensch es wieder sehe:
alles wird durch Gottes Güte.

Jeder Tag ist ein Geschenk,
jede Rose eine kleine Güte,
wenn sie auch im fremden Garten blühte.

Wenn du nur so im Vorübergehn
lerntest all die Wunderdinge sehn.

Jede Lilie, jeder Apfelbaum
ist verschwenderischer Lebenstraum!

Jeder Tag ist sovielmal gesegnet,
soviel Schönheit dir darin begegnet,

soviel Wunder sind drin eingesenkt,
als der Mensch sich weiß damit beschenkt.

Ein Wiesenstrauß heut vor mir steht,
vom Duft der Wiese noch umweht.

Ich pflückte ihn zur Abendstund,
die Grillen zirpten tief am Grund.

Ein wogend Meer die Wiese stand
und ringsum schlummerte das Land.

Die Blumen rot und blau und weiß,
sie schliefen halb und nickten leis –

Narzissen, Mohn und Akelei
und zarte Gräser mancherlei

band ich zum Strauß, trug ihn nach Haus
und siehe – ein Gedicht wuchs draus.

Die hellen Blütensterne,
die in den Wiesen stehn –
die weißen Wolkenlämmer,
die hoch am Himmel gehn –
der Vögel Jubilieren
im morgenfrischen Land –
der Grillen Musizieren,
das Käferlein im Sand –
der dunkle Dom der Wälder,
darin der Bergwind geigt –
der herbe Duft der Kräuter,
der aus den Wiesen steigt –
des Baches muntres Rauschen
durch klaren Kieselgrund –
der Nächte heilig Lauschen –
tun nur das eine kund:

Gott ist die große Freude
in allem, was da webt.
Er will, daß seine Schöpfung
aus seiner Freude lebt.

Was mir den Tag so reich gemacht,
war nicht, weil er mir Glück gebracht,
wie ich es mir erdachte – –
Das war, weil ich heut still und froh
mit meiner Liebe irgendwo
den andern glücklich machte.

Mit guten und tapferen Händen
läßt alles sich wenden
und besser gestalten,
du mußt nur den Mut
zu dir selber behalten
und Freude am Werk
und den kleinen Dingen.
Es läßt sich alles einmal bezwingen.
Und glaube, es wächst
aus der treuen Pflicht
dein Werk ins unvergängliche Licht!

Unkraut, das kleinste, blüht
und zwischen Steinen müht
sich oft ein Blütenkelch
schimmernd empor.
Pfeift hier ein kleiner Spatz,
singen am andern Platz
Vögel, des Schlummers müd,
ein großer Chor.

Öffne die Augen nur,
Schönheit zu sehen,
halte das Herz nur auf,
tief zu verstehen
Freude am Weg.

Ich lebe nicht mehr wie die Sommerblumen,
die sich in bunter Fülle überblühn,
ich lebe wie die großen Sonnenblumen,
die sich um letzte, goldne Reife mühn.

Die sich schon schwerer an die Erde neigen
und in der Fülle ihrer Fruchtbarkeit
den Stillen ihr zernarbtes Antlitz zeigen,
daß Segen rinne in verborgnes Leid.

Und scheint mein Blühn auch arm und ungesegnet,
weil mancher in der Hast vorüberschritt,
ein guter Mensch ist immer mir begegnet
und nahm vom stillen Reifen etwas mit.

Heut nehm ich den Tag
ohne zu wünschen,
er sei schon vorüber,
mit Arbeit und Lasten,
mit Drängen und Hasten,
mit Mühsal und Plag . . .

ohne zu warten
der kommenden Feste,
der fröhlichen Gäste,
der Feierstund Spiel.
Heut nehm ich den Tag
als eigenes Ziel,

darinnen ich mutig,
mit guten Händen
und tapferem Herzen –
sein Dunkel zu wenden,
sein Hartes zu zwingen –
die Pflicht will vollbringen.

Wenn ich auch nur Distel bin,
so muß ich Distel sein,
ich wachse wild zur Sonne hin,
der Regen wäscht mich rein.

Die Sonne hat auch mich beschaut,
gezaust hat mich der Wind,
die kühle Nacht hat mich betaut
wie jedes Blumenkind.

Ich frage nicht nach Lohn und Dank,
viel Dornen hat mein Strauch,
doch wunderbar ist mein Gerank
und sieh, ich blühe auch!

Und wenn es nur ein Zweiglein wär,
das du dem andern schenkst.
Er spürt es an der Gabe doch,
wie gut du an ihn denkst.

Es blüht in seinen grauen Tag,
was hoch im Licht gereift,
und hat von seinem Herzen leis
das Dunkel abgestreift.

Und alles wird so hell und gut –
ein Zweiglein war es nur –
doch wie ein Friedensbogen glüht
der Liebe goldne Spur.

Ich bin keine goldene Rebe,
in Sonne und Duft gereift,
ich bin eine Wegrandblume,
vom Staub der Straße gestreift.

Wohl strecke ich auf dem harten
Gestein alle Wurzeln aus,
aber da sind die Schatten
und da steht Haus an Haus.

Nur wenig gute Erde
gibt mir der Gärtner als Raum –
doch unter dem Staub eine Seele
voll Sehnsucht, Märchen und Traum.

Es braucht ja nur ein stilles Leuchten,
ein wenig Sonne dann und wann,
ein warmer Hauch, daß sich die Blüte
vom kühlen Hauch erheben kann.

Es braucht ja nur ein stilles Leuchten,
ein wenig Sonne dann und wann.
Dann glühen alle Freudenkerzen
an deinem stillen Leuchten an.

Das ist die Zeit,
darin die Nebel steigen,
die Birken schütteln Regen aus den Zweigen
und gelbe Blätter fallen auf das Feld.

Das ist die Zeit,
darin die Lichter sinken,
als müßten die verblaßten Gründe trinken
die letzten Lohen sommerlicher Welt.

Das ist die Zeit,
darin wir einsam wandern.
Wir sind im Nebel weit entfernt vom andern,
und stiller wird des Lebens bunter Chor.

Wir greifen höher
nach den ew'gen Sternen
und gehen, oft getrennt in weiten Fernen,
den gleichen steilen Weg ins Licht empor.

Der Schnee fällt in die Winternacht
und hat die Welt so still gemacht.

Wir rücken näher um das Licht
und werden wieder fromm und schlicht.

Und unsre Seele wird so weit,
als trüge sie ein Feierkleid.

Erinnerung uns still umzieht
mit einem kleinen Kinderlied.

Wie die Bäume sich zum Himmel strecken!
So, als müßten sie die Sonne wecken,
aufrecht und mit flehender Gebärde . . .
Nicht ein Windhauch streift die kahlen Äste,
nur der Blätter kümmerliche Reste
sinken leise, wie im Spiel, zur Erde.

In welch stummem, unbegriffnem Warten
steht der Wald hier wie ein leerer Garten
und sinnt tief in seinen Grund hinein . . .
Ahnt er schon das Steigen seiner Säfte,
seine ungebrochnen Lebenskräfte
in dem schweigend tiefen Stillesein?

O Gott, wie viel hab ich zu loben
und zu danken
für Lied und Buch und fröhliche Gedanken,
für Blumen, zahllos für mich aufgeblüht,
für Nächte, mild und sternenüberglüht,
für Wolkenbilder, für der Sonne Glut,
auch für den Sturm und für die wilde Flut,
die Wälder hoch,
den Mond, der drüber zieht,
die Kühe und die Schafe auf dem Ried,
der Glocken Klingen und das Orgelspiel –
O Gott, wie sind doch Deiner Wunder viel.

Das wünsch ich dir, daß jeder Tag
in diesem Jahr dir geben mag:
zum Freuen ein Teilchen,
zum Trösten ein Weilchen,
einen Menschen zu lieben,
einen Freund, der verschwiegen,
ein Stündchen zum Rasten,
Geduld für die Lasten,
beim Morgenerwachen
ein Sonnenlachen
und abends den Schimmer
der Sterne im Zimmer,
zur Nacht Engels Hut
und Schlaf tief und gut
und jeden Tag ein frohes Bergauf!
Ich sage dir meinen Glückwunsch darauf.

In dieser Reihe erschienen:

Benoît: Tapfer und weise
Christoffel: Ich bin ein singender Vogel
  Kirschblüte und Nachtigall
  Leuchtend schöne Welt
  /Kos: Federleichtes reines Glück
  /Nels: So viel hab ich zu danken
Cothen: Ich danke Gott und freue mich
Dura: Das festliche Jahr
Friederich/Nels: Zündet Lichter an
Gerhard: Kalenderbuch
Heiteres Horoskop
Hummel: Alles Gute wünsch ich Dir
Koebrich: Glück und Ernte eines Jahres
Nels/Haehnel: Weißt du noch?
Reinthaler: Wer froh ist, ist ein König
Schönermark: O selige Nacht
  Es blüht das fernste tiefste Tal
  Falter und Blüte vor heiterem Himmel
  Komm mit in die Berge
Verschneite Welt
Wenz-Vietor: Geh aus, mein Herz